# 24 Dialogos Para Aprender Inglés

*Aprende Inglés Por tu Cuenta de Forma Rápida y Sencilla con Diálogos Para Principiantes*

**Carlos Rivera**

# Copyright © 2021

# Tabla de contenido

# Introducción

Tener un vocabulario amplio y usarlo de manera precisa es algo esencial en la vida diaria y aún más si queremos aprender un idioma. Aprender vocabulario no se trata de aprender palabras y luego actuar como si la coleccionáramos. Es algo mucho más importante ya que el vocabulario es la gran herramienta de la comunicación.

Por otro lado, el uso correcto de las palabras provee claridad a la comunicación y evita los malos entendidos y la falta de comprensión de un tema. Cuando aplicamos el uso de palabras correcto en el orden correcto logramos que lo que transmitir o mostrar se entienda.

Asimismo, la importancia de hablar radica en que el aprendiz reconoce inmediatamente el significado de las palabras que lee o escucha. Por tal motivo en este libro te proporcionado vocabulario divididos por temas para que puedas asociar las palabras en diferentes contextos lo cual será muy útil, y no solo eso sino también su estructura o categoría gramatical, entonces cada vez que escuches o hables de un tema no solo conocerás o utilizaras una o dos palabras sino que también asociarás mucha información conveniente. Estudios afirman que el aprendizaje de vocabulario bien desarrollado y aquellos estudiantes quienes aprenden muchas más palabras indirectamente a través de la lectura que de una instrucción exhaustiva de ello, La mayoría de los estudiantes suelen confundirse debido a las inconsistencias en reglas gramaticales del inglés.

El lenguaje sin lugar a dudas es nuestro primer recurso de comunicación, lo usamos para compartir nuestras ideas, sentimientos y pensamientos con otros. En especial existen muchos factores que posicionan al inglés como un lenguaje esencial para la comunicación del siglo 21. Bien se sabe que el inglés es el idioma extranjero más popular y más del 75% de la información disponible en línea, está escrita en inglés, personas de diferentes países lo usan como idioma de referencia para la comunicación, de manera que cada persona necesita aprender inglés para lograr conectarse a nivel internacional.

Hoy en día el idioma inglés es considerado el idioma universal, por tan elevado número de personas en el mundo que lo hablan tanto como lengua materna, segunda lengua o lengua extranjera. Dicha popularidad del idioma se debe a la influencia política, económica, militar, científica y cultural del Reino Unido desde el siglo XVIII, y los Estados Unidos de América desde del siglo XX, por lo que hoy en día el inglés es el idioma principal del discurso internacional. Es importante destacar el valor histórico y actual que ha adquirido el inglés en el en el mundo, ya que dicha lengua es empleada cada vez más en todas las áreas del conocimiento y el desarrollo humano. Hoy en día es muy alto el volumen de información humanista, científica y tecnológica escrita en inglés.

La mayor dificultad que presenta el idioma inglés a nivel global no solo para el hispano hablante, es la falta de consistencia en reglas frente a otros idiomas, inclusive los propios anglófonos reconocen que su idioma puede resultar un sinsentido, como señalan Sample, E., & Michel, M. 2014 desde Cambridge University. Por lo que hace que la percepción cognitiva sea fundamental para el aprendizaje, uso e interpretación del idioma inglés.

Sin embargo, en esta guía nos enfocaremos centraremos la atención en aprender inglés por medio de palabras, frases, y diálogos.

España y Latinoamérica no escapan del impacto social que este idioma ha ocasionado en la humanidad.

Hace algún tiempo, el objetivo de la enseñanza del inglés "literario" es decir, leer, traducir y entender. Además, entre los medios básicos para el aprendizaje de un idioma figuraban el estudio del vocabulario, así como la gramática y las traducciones directas e inversas. Hablar del aprendizaje de lenguas, pero los resultados de tales estudios en la actualidad han sido casi nulos. Los adultos las generaciones pasadas tienen un conocimiento muy limitado del inglés o es prácticamente nulo.

Por ello, la mejor forma de aprender inglés es por medio de *«repetion drills» ejercicios de repetición* y aprender vocabulario mediante contexto de modo que es más fácil recordar las cosas que quieres decir o expresar si las recuerdas en un ambiente o contexto especifico.

En esta guía comenzaremos con aprender vocabulario, dividido en contextos, bien se sabe hablar un F2 lengua extranjera es conocer palabras de otro idioma, y la mejor forma de aprender inglés debe ser como los niños aprenden un segundo idioma.

## *¿Cómo puedo aprender a formular oraciones?*

Los niños aprenden palabras y las repiten, y luego de que comienzan de repetir las palabras que conocen e identifican comienzan a juntas esas palabras y construyen oraciones. Por lo tanto, aprender un idioma es conocer la mayor cantidad de palabras posibles y aprender la gramática de una forma innata o por inercia. ¿Aún no comprendes? Te lo explicamos. Al conocer la mayor cantidad de palabras es sumamente fácil identificar su posición o función dentro de una oración, así de esta forma puedes construir oraciones cambiando palabras de su misma clase por ejemplo. Al aprender un idioma primero se debe conocer el idioma y luego conocer la gramática.

Saber un idioma es meramente conocer palabras y para que se entienda lo que se quiere decir las palabras deben llevar un orden. Desde la escuela hemos escuchado "sujeto, verbo y predicado" los tiempos gramaticales "presente, pasado y futuro". Entonces, una vez que conozcas estas palabras será fácil para ti formular oraciones además de la estructura gramatical.

En este libro aprender palabras, sabrás lo que significan y cómo puedes usarlas. Así que cuando necesites formular tus propias oraciones simplemente puedes reemplazar las palabras por la que necesites, por ejemplo:

1.  Ana es una persona muy alegre

    Ana is a very cheerful person

2.      <u>Él</u> es una persona muy<u> triste</u>

He is a very sad person

En este caso sustituimos el sustantivo nombre por un pronombre personal masculino pues no queremos hablar de una mujer sino de un hombre, además de que el adjetivo es distinto pues la descripción es opuesta. Lo mismo sucede en inglés.

Por tanto, aprender inglés mediante inglés formulado es un excelente método para aprender rápido. No queremos mentirte, no existe una fórmula secreta y todo depende de tu compromiso y dedicación, lo que si podemos asegúrate es que aprender mediante vocabulario dividido por temas y oraciones preformuladas aprenderás de forma implícita pero al reconocer las palabras y su categoría gramatical será más fácil formular tus propias oraciones.

Los diálogos sirven para que puedas establecer una conversación real con un nativo, lo cual también está ubicado por contexto para que sea más fácil para ti ubicar las palabras y entender todo rápidamente.

**Comprender mejor las reglas de la lengua y su construcción**

Cuando aprendes una frase u oración, aprendes la sucesión de palabras. Y no solo eso, también aprendes de manera más inconsciente, la forma en que las palabras se colocan en la frase para su lógica y sentido. Por ejemplos: "My house is big and blue", al igual que en español se entiende que es un frase afirmativa, el sujeto se coloca en primer lugar, antes del verbo y posterior el complemento. De algún modo asimilamos que las frases en inglés se construyen de esta forma.

Para crear esta memoria en el músculo, es muy importante pronunciar las palabras en voz alta cuando las estamos aprendiendo realizando los movimientos con la lengua y los labios. También es muy útil imaginarse no sólo la palabra, sino también la cosa a la que hace referencia. Con el tiempo, no tendrás que pensar más sobre qué palabra tienes que usar, tus músculos lo harán automáticamente.

Al trabajar juntas la memoria a corto plazo, la memoria a largo plazo y el músculo de la memoria, podrás aumentar tu vocabulario rápidamente y recordar las palabras durante mucho tiempo.

¡Buena suerte!

# PART I: Diálogos

## *Friendship — Amistad*

### Diálogo 1

### Español

— ¡Oye, Daniela! Pensé que no vendrías a la fiesta, me dijeron que debías estudiar para un examen muy importante y que por esa razón no vendrías hoy.

— Hola, Juan, ¿Cómo has estado?

— Jajaja, lo siento por no saludarte apropiadamente. Yo estoy bien ¿y tú cómo estas?

— Me alegra que este bien. Yo fantástico. Y si tenía examen, pero la profesora decidió hacerlo la próxima semana. Creo que solo tengo mucha suerte.

— Guau! Me encantaría tener la misma suerte cuando pasen esas cosas, sin duda es una señal del destino, hoy es un noche para que te diviertas y te olvides un poco de los exámenes.

— Lo haré! Por cierto ¿sabes si Vanesa está aquí? Tengo tiempo sin verla y hablar un rato con ella.

— Sí, sí vino, llegó hace media hora. Mira, está por allá, al lado de Susana.

— La veo. Iré a saludarla. Hablamos más tarde. Podemos bailar juntos unas canciones, ¿te parece?

— Sí, encantado.

## English

— Hey Daniela! I thought that you would not come to the party, they told me that you had to study for a very important exam and that for that reason you would not come today.

— Hi Juan, how have you been?

— Hahaha, sorry for not greeting you properly. I'm fine and how are you?

— I'm glad to hear that. I fantastic. And if she had an exam, but the teacher decided to do it next week. I think I'm just very lucky.

— Wow! I would love to have the same luck when those things happen, without a doubt it is a sign of destiny, today is a night for you to have fun and forget a little about your exams.

— I will do it! By the way, do you know if Vanesa is here? I have time without seeing her and talking to her for a while.

— Yes, she did, she arrived half an hour ago. Look, it's over there, next to Susana.

— I see her. I'll go say hi to her. We'll talk later. We can dance some songs together, do you think?

— Yes, I would like to.

## Dialogo 2

### Español

— Oye ¿Qué tal? ¿Cómo pasaste tu fin de semana?

— Bien... Pero estoy cansado porque me levanté temprano el sábado y el domingo.

— Que extraño ¿Por qué no te quedaste pegado a las sabanas como a tu costumbre?

— Mi papá me pidió que lo ayudara con unas entregas del taller

— Ah, ya veo por qué tienes ojeras, ¿y qué tal te fue?

— Muy bien, aprendí más sobre el trabajo de mi padre. Es muy duro.

— ¿Piensas tomar su lugar algún día?

— No, eso se lo dejare a mi hermana. Yo tengo otros planes, pero saber no está de más

— Tienes razón. Te ves muy cansado ¿si podrás estar despierto?

— No lo sé. Haré mi mayor esfuerzo aunque estoy realmente cansado.

### English

— Hey what's up? How did you spend your weekend?

— Well ... But I'm tired because I got up early on Saturday and Sunday.

— How strange. Why didn't you stick to the sheets as usual?

— My dad asked me to help him with some deliveries from the workshop

- Ah, I see why you have dark circles, and how did it go?

- All right, I learned more about my father's work. It is very hard.

- Do you plan to take his place one day?

- No, I will leave that to my sister. I have other plans, but knowing does not hurt

- You're right. You look very tired, if you can stay awake?

- I do not know. I'll do my best even though I'm really tired.

## Diálogo 3

- Hey, ¿estás allí?
- Sí, dime ¿qué pasa?
- ¿Quieres acompañanarme mañana?
- ¿acompañarte a dónde?
- De compras, no quiero ir solo
- Está bien, yo iré contigo
- Gracias, amiga.
- ¿y a dónde iremos de compras?
- Al centro comercial que siempre vamos. Las mejores tiendas estan allí.
- Cierto. Podemos ver una pelicula tambie y comer algo, yo invito.
- No, dividimos la cuenta. Yo pago el cine y tú la cena ¿te parece?
- Está bien, como quieras
- Te recogo a las 4pm

## English

- Hey, are you there?
- If you tell me what happens?
- Do you want to join me tomorrow?
- Accompany you to where?
- Shopping, I don't want to go alone
- It's okay, I'll go with you
- Thanks girl.
- And where will we go shopping?
- We always go to the mall. The best stores are there.

- True. We can see a movie too and eat something, I pay.
- No, we split the bill. I pay for the movies and you pay for dinner, do you think?
- Ok, whatever you want
- I pick you up at 4pm

## Diálogo 4

### Español

- Hola, ¿Diana?
- No, es su madre. Salió hace un momento y olvidó su telefono
- Típico de ella. ¿Puede decirle que la llame?
- Seguro, ¿tiene un mensaje? yo puedo decirle
- Sí, dígale que mañana es la prueba final, la profesora me pidió que le dijese a todos que mañana tendríamos la clase
- Ah, entiendo. Gracias por llamar, eres muy amable. Yo le diré en cuanto llegue.
- Okay, adiós
- Adiós

### English

- Hi, Diana?
- No, it's her mother. She left a moment ago and forgot her phone
- Typical of her. Can you tell him to call her?
- Sure, do you have a message? i can tell you
- Yes, tell him that tomorrow is the final test, the teacher asked me to tell everyone that tomorrow we would have the class
- Oh, I understand. Thanks for calling, you're very kind. I'll tell you when I get there.
- Ok, bye
- Goodbye

# Help — Ayuda

## Diálogo 5

### Español

- Disculpe señor
- Sí, dígame, ¿Qué pasa?
- ¿No vió por aquí un perro?
- Pasaron varios perros esta mañana. Todo el día han pasado muchos perros corriendo por la calle.
- El que busco es un dálmata
- ¿Su perro tenía un collar?
- Sí, un collar azul
- Sí, entonces ese es su perro. Hace sólo un momento iba en dirección al parque con muchos otros perros.
- ¿Pero iban jugando o peleando?
- No, parecían que jugaban, eran 3 perros contando el suyo
- Disculpe, es que no soy de este vecindario, ¿Cómo puedo llegar al parque?
- Cruce la calle y al final de la calle, en la esquina, cruza a la izquierda
- Muchas gracias, señor
- No hay de qué

### English

- Excuse me sir
- Yes, what's going on?

— Didn't you see a dog around here?

— Several dogs passed this morning. All day many dogs have been running down the street.

— The one I'm looking for is a dalmatian

— Did your dog have a collar?

— Yes, a blue necklace

— Yes, then that's your but... just a moment ago I was heading to the park with many other dogs.

— But were they playing or fighting?

— No, they seemed like they were playing, it was 3 dogs counting theirs

— Excuse me, I am not from this neighborhood, how can I get to the park?

— Cross the street and at the end of the street, on the corner, turn left

— Thank you very much sir

## Diálogo 6

### Español

- Hola, disculpa, estoy algo confundido
- ¿Qué es lo que debemos hacer?
- Debes llenar este papel con tu informacion personal
- Ah entiendo, ¿y luego?
- Debes entregárselo a la secretaria que está por alla. Luego nos llamaran uno por uno para que tengamos la entrevista
- ¿Tú tambien estas optando por un puesto en esta compañia?
- Sí, sí me aceptan será mi primer empleo
- Igual yo
- Ojalá nos acepten a ambos
- Suerte
- Igual tú

### English

- Hello, I'm sorry I'm a bit confused
- What should we do?
- You must fill out this paper with your personal information
- Oh I understand, and then?
- You must give it to the secretary who is over there. Then they will call us one by one so that we can have the interview
- Are you also opting for a position in this company?
- Yes, if they accept me, it will be my first job
- Me too

- I hope they accept us both
- Luck
- The same for you

## Diálogo 7

### Español

- ¿Sabes dónde puedo encontrar un tomacorriente?
- No sé, creo que detrás de esa pared hay uno
- Es que mi teléfono murió y necesito hacer unas llamadas
- Vamos a ver, iré contigo
- Gracias...
- No, no hay nada aquí
- En verdad me urge hacer esas llamadas
- Toma mi teléfono, puedes hacer las llamadas que quieras
- ¡Me has salvado! Eres muy amable, gracias

### English

- Do you know where I can find an outlet?
- I don't know, I think behind that wall there is one
- Is that my phone died and I need to make some calls
- Let's see, I'll go with you
- Thank you...
- No there is nothing here
- I really need to make those calls
- Take my phone, you can make the calls you want
- You saved me! You are very kind, thank you

# II PARTE: Historias de nivel básico

## Historia 1

### Español: Mi familia

Hola! Mi nombre es Alejandra. Tengo veintisiete años. Vivo en Argentina, con mi marido y dos hijos. Mi hijo mayor está en el primer grado de la escuela primaria y mi hija en el jardín de infantes, ambos van a una escuela pública cerca de nuestra casa. A mi hijo mayor le gusta la música e incluso está aprendiendo a tocar la batería y el piano, mientras que al menor le gusta dibujar y lo hace muy bien. Mi marido es ingeniero y trabaja en una bodega de la ciudad, pero también es carpintero, que es lo que más le gusta hacer. Soy profesora universitaria, llevo dos años trabajando allí. Somos una familia como cualquier otra.

### English: My family

Hello! My name is Alejandra. I am twenty-seven years old. I live in Argentina, with my husband and two children. My oldest son is in the first grade of elementary school and my daughter is in kindergarten, both of whom go to a public school near our home. My older son likes music and is even learning to play drums and piano while the younger one likes to draw and actually does very well. My husband is an engineer and works in a wine cellar in the city, but he is also a carpenter, which is what he likes to do best. I am a university professor, I have been working there for two years. We are a family like any other.

## *Historia 2*

### Español: Quiero conocer el mundo

Esta es la historia de Marianny. Es una chica de 23 años que nunca ha viajado al extranjero. Ciertamente conoce todos los lugares turísticos y más bellos de su país, pero sueña con conocer el mundo. Desde los 16 años Marianny ha estado recolectando dinero y después de graduarse de la universidad consiguió varios trabajos para recolectar dinero y cumplir su sueño. Después de 7 años de trabajo duro Marianny cuenta sus ahorros y se da cuenta de que sólo puede conocer tres o cuatro países si ahorra lo suficiente. Sin pensarlo mucho, compra su billete, hace algunas reservas en hoteles baratos que pueda pagar y comienza su viaje. Los países que eligió un país de cada continente. Ella era de América, así que iba a conocer un país de Europa, Asia, África y Oceanía. Cuando llegó a su primer país exploró cada calle y admiró cada arquitectura. En el segundo país admiró la cultura y aprendió cosas importantes. En el tercer país aprendió sobre lo que tiene y cómo ser feliz y por último pero no menos importante tomó muchas fotografías y aprendió a valorar más la naturaleza.

### English: I Want to Know The World

This is the story of Marianny. She is a 23 year old girl who has never travelled abroad. Certainly she knows all the tourist and most beautiful places of her country but she dreams of knowing the world. Since she was 16 years old Marianny has been collecting money and after graduating from college she got several jobs to collect money and fulfill her dream. After 7 years of hard work Marianny counts her savings and realizes that she can only get to know three or four countries if she saves enough. Without thinking much about it she buys her ticket, makes some reservations in cheap hotels that she could afford and starts her trip. The countries he chose a country from each continent. She was from America so she was going to meet a country from Europe, Asia, Africa and Oceania. When she arrived in her first country she explored every street and admired every architecture. In the second country she admired the culture and learned important things. In the third country he learned about what he has and how to be happy and last but not least he took many photographs and learned to value nature more.

## Historia 3

### Español: Muchos colores

En un barrio pobre vive un hombre que es pintor y escultor cuya casa es muy colorida, dándole alegría y belleza a la vista de ese lugar. Este hombre es un gran artista, hace pinturas impresionantes. Este hombre creía en algo, que el arte podía hacer feliz a la gente. Enseña a niños, jóvenes y adultos a dibujar y pintar, así como a hacer bellas esculturas con lo que la gente considera basura. Enseña a la gente a hacer esculturas con chatarra, piedra, madera y otros materiales reciclados.

En ese vecindario, este hombre y la gente de la comunidad inician proyectos para pintar las casas y las calles del vecindario en muchos colores con diseños artísticos transformando todo el lugar con sólo el uso de la pintura. Además de las casas, pintan, escaleras, paredes y plazas y todo lo que se puede pintar, como postes, asientos, pisos.

Antes del proyecto artístico de este hombre extranjero las calles eran grises, desoladas y con una profunda atmósfera de sentimientos de tensión e incomodidad. Pero lo diferente que se siente el ambiente o cambia después de pintar, incluso la gente se ve feliz con una sonrisa en sus rostros. Muchos artistas de todo el mundo se han unido a su proyecto. Aunque son de diferentes países, todos hablan el mismo idioma, el arte.

## English: Many Colors

In a poor neighborhood there lives a man who is a painter and sculptor whose house is very colorful, giving him joy and beauty in the sight of that place. This man is a great artist, he makes impressive paintings. This man believed in something, that art could make people happy. He teaches children, youth and adults to draw and paint as well as make beautiful sculptures with what people consider garbage. He teaches people how to make sculptures from scrap metal, stone, wood and other recycled materials.

In that neighborhood, this man and the people of the community initiate projects to paint the houses and the streets of the neighborhood in many colors with artistic designs transforming the whole place with just the use of paint. In addition to the houses, they paint, stairs, walls and squares and everything that can be painted, such as posts, seats, floors.

Before the art project of this foreign man the streets were gray, desolate and a deep atmosphere of feelings of tension and discomfort. But how different the environment feels or changes after painting, even people look happy with a smile on their faces. Many artists from all over the world have joined his project. Although they are from different countries they all speak the same language, art.

*Historia 4*

## Español: ¿Cómo le digo que no me gusta?

Mi novia y yo hemos estado saliendo por un tiempo. Estamos muy enamorados y tenemos fuertes sentimientos el uno por el otro. El único problema es que cada año mi novia me da cosas que realmente no me gustan.

La semana pasada fue mi cumpleaños y no sé cómo decirle que no me gustó su regalo. Todos los días me pregunta si estoy disfrutando de su regalo y no quiero herir sus sentimientos y no sé cómo decirle que todo es horrible. Especialmente la ropa, es horrible. Lo peor es que quiere que salgamos a comer a un restaurante muy fino.

El año pasado me dio una camisa que parecía haber sido robada por un payaso. Como nunca puedo decirle que no, tuve que ir al centro comercial vestido así. La gente me miraba riéndose o mirándome con desagrado. En cierto modo no me importaba porque la única opinión que tenía era la suya y la única mirada que me importaba era la que me miraba con amor.

Este año he superado todos los años anteriores y no sé cómo decirle que no me ha gustado, no quiero romperle el corazón.

### English: How Do I Tell Her That I Don't Like It?

My girlfriend and I have been dating for a while. We are very much in love and have strong feelings for each other. The only problem is that every year my girlfriend gives me things that I really don't like.

Last week was my birthday and I don't know how to tell her that I didn't like her gift. Every day she asks me if I am enjoying her gift and I don't want to hurt her feelings and I don't know how to tell her that everything is awful. Especially the clothes, it's horrible. The worst thing is that he wants us to go out to eat at a very fine restaurant.

Last year he gave me a shirt that looked like it had been stolen by a clown. Since I can never say no to her, I had to go to the mall dressed like that. People looked at me laughing or looking at me with displeasure. In a way I didn't care because the only opinion I had was hers and the only look I cared about was already looking at me with love.

This year I surpassed all previous years and I don't know how to tell her that I didn't like it, I don't want to break her heart.

## *Historia 5*

### Español: Chico rudo

Samuel es un chico problemático, siempre metiéndose en problemas. Cualquier cosa que pase es motivo de su ira, no reacciona muy bien ante cualquier situación. Es tranquilo y no suele hablar con la gente. La mayoría de las veces los ignora. Nadie parece ser suficiente para él. Es un tipo guapo y rebelde.

Eso es lo que la gente piensa de Samuel porque eso es lo que parece ser. En realidad, dentro de él, Samuel es muy sensible y alguien que es soñador y romántico y carismático. Tiene talento porque puede cantar, tocar la guitarra y escribir letras hermosas y profundas en sus canciones.

Como en una película, Samuel siempre ha estado profundamente enamorado pero en su caso, su amor no es correspondido. Debido a su corazón roto actúa como un chico malo y escribe canciones tan hermosas. Qué irónico.

### English: Rebel Boy

Samuel is a troubled boy, always getting into trouble. Anything that happens is a reason for his anger, he doesn't react very well to any situation. He is quiet and doesn't usually talk to people. Most of the time he ignores them. No one seems to be enough for him. He is the handsome and rebellious type.

That's what people think of Samuel because that's what he seems to be. In reality, within him, Samuel is very sensitive and someone who is dreamy and romantic and charismatic. He is talented because he can sing, play the guitar and write beautiful and deep lyrics in his songs.

Just like in a movie, Samuel has always been deeply in love but in his case, his love is not reciprocated. Because of his broken heart he acts like a bad boy and writes such beautiful songs. How ironic.

## Historia 6

**Español: Raquel**

R aquel no sabe nadar. Siempre ha tenido que estar rodeada de agua y no saber lo que se puede encontrar debajo acechando e incluso ahogándose. Raquel fue invitada a una fiesta en la piscina. Al principio no quiso ir porque tenía miedo de caerse en la piscina. Cuando llegó el día, decidió ir, pero estaría lo más lejos posible de la piscina.

"Raquel, ¿por qué no vas a la piscina? ¿No sabes nadar?"

Se quedó en silencio y actuó como si no escuchara nada.

—Escucha esto, Raquel no sabe nadar. Creo que es demasiado vieja para no saber nadar...

—Oye, eso es muy grosero. -¿Sabe todo el mundo que estás enamorada de Jonathan? ¡Uy! Se me escapó...

—Mejor te callas o le diré a todos que tuviste diarrea en la escuela y te la metiste en los pantalones.

—Ya lo hiciste.

—¡Arriba! Me lo perdí.

—Raquel no ha dicho si es verdadero o falso. Es una de las más valientes y duras de nuestra escuela, y ciertamente no le apetece meterse en la piscina.

—Vamos a probar si es verdadero o falso.

Entonces varias personas agarran a Rachel y la tiran a la piscina. Rachel se hundió lentamente y en lugar de ayudarla, todos se quedaron discutiendo o mirando en estado de shock pero nadie se movió. Rachel entonces comenzó a mover sus piernas tan rápido como pudo y empujó su cuerpo hacia arriba, sacó su brazo y caminó con dificultad hasta el borde de la piscina, recuperó el aliento y luego salió de la piscina.

Cuando Rachel salió de la piscina fue directamente a sus cosas y se fue. Ese día lloró porque seguía teniendo miedo, tristeza y arrepentimiento al mismo tiempo. Por la mañana Raquel no fue a la escuela y se inscribió en las clases de natación.

Superó su miedo y se convirtió en una excelente nadadora e incluso ganó algunas medallas.

**English: Rachael**

Raquel can't swim. She always had to be surrounded by water and not know what can be found underneath lurking and even drowning. Raquel was invited to a pool party. At first she didn't want to go because she was afraid she would fall in the pool. When the day arrived she decided to go but she would be as far away from the pool as possible.

"Raquel, why don't you go in the pool? Don't you know how to swim?"

She was silent and acted as if she didn't hear anything.

—Listen to this, Rachel can't swim. I think she's too old not to know how to swim

—Hey, that's very rude. -Does everyone know you're in love with Jonathan yet? Oops! It slipped out...

—You better shut up or I'll tell everyone that you had diarrhea at school and got it in your pants

—You already did

—Up! I missed it

—Raquel has not said whether it is true or false. She is one of the bravest and toughest in our school, and she certainly doesn't feel like going into the pool.

—We are going to test whether it is true or false.

Then several people grab Rachel and throw her into the pool. Rachel slowly sank and instead of helping her, everyone was left arguing or looking on in shock but no one moved. Rachel then began to move her legs as fast as she could and pushed her body upward, pulled her arm out and walked with difficulty to the edge of the pool, caught her breath and then left the pool.

When Rachel got out of the pool she went straight to her things and left. That day she cried because she was still afraid, sad and sorry at the same time. In the morning Raquel did not go to school and enrolled in swimming lessons.

She overcame her fear and became an excellent swimmer and even won some medals.

## *Historia 7*

### Español: La costurera

Ana es una costurera muy hábil y talentosa. Ella puede hacer muchas ropas al día a la perfección. Todos los días Ana recibe muchos clientes. Aunque puede hacer cualquier tipo de ropa, aunque parezca muy difícil, Ana puede hacerlo. Su especialidad son los vestidos de novia y los trajes. Cada semana hace al menos 3 vestidos de novia. Nadie los hace mejor que Ana. Esta costurera tiene muchos años de experiencia pero todo su trabajo es gracias a que trabaja haciendo lo que más le gusta. Ana no sólo tiene habilidades con el hilo y la costura o el corte de la tela, sino que es una gran diseñadora y puede hacer decoraciones para el hogar con macramé y crochet. Al menos una vez al mes Ana da cursos sobre lo que puede hacer, todos sus alumnos la admiran. El consejo de Ana es "Si haces lo que te gusta, ¿qué puede salir mal?"

### English: Seamstress

Ana is a very skilled and talented seamstress. She can make many clothes a day to perfection. Every day Ana receives many customers. Although she can make any kind of clothes, even if it seems very difficult, Ana can do it. Her specialty is gowns, especially wedding dresses and suits. Every week she makes at least 3 wedding dresses. No one makes them better than Ana. This seamstress has many years of experience but all her work is thanks to the fact that she works doing what she loves best. Ana not only has skills with thread and needlework or cutting fabric but she is a great designer and can make home decorations from macramé and crochet. At least once a month Ana gives courses on what she can do, all her students admire her. Ana's advice is "If you do what you like, what can go wrong?"

## Historia 8

### Español: ¿DÓNDE ESTÁ MANUEL?

Un domingo de primavera con clima agradable. Alberto parece hipnotizado frente a la pantalla del celular acostado en su casa. Por la puerta de su cuarto se asoma su hermanito Manuel de ocho añitos. «¡Vamos al centro comercial. Quiero ir a los juegos!» le dice entusiasmado. Pero Alberto lo mira sin decirle nada, y vuelve la mirada a su celular.

Manuel insiste, y entonces Alberto se enoja y le dice que salga de su cuarto inmediatamente.

Como su hermano no le presaba atención ni quería llevarlo fue a pedirle a su mamá que lo lleve al centro comercial que quería ir a la sala de juegos. Su mamá también mira el celular pero ni siquiera escuchó lo que el pequeño Manuel le había dicho, estaba sonriendo al último video de Facebook que acaba de ver. Manuel le grita:

—¡MAMÁ!

—¿Qué quieres cariño?

—¡Quiero ir al centro comercial, mami!

—Mi amor, hoy no tengo ganas de salir, dile a tu papá, ¿sí?

—Okay

El pequeño sale al garaje donde estaba su papá limpiando el carro, lo que solía hacer cada domingo por la mañana, con música vieja del siglo pasado en el radio del carro, cosa que a Manuel no le gustaba para nada.

—Papá, ¿me llevas al centro comercial?

—Papaaá

Entonces entra al carro y quita la música y dice:

—Quiero ir al centro comercial pero nadie quiere llevarme, llévame por favor

—No puede ir ahora hijo, estoy limpiando el carro, además mira como estoy vestido, en sandalias, sin camisa con un short y también muy sucio. Dile a tu hermano

—No quiere llevarme

—Pregúntale a tu mamá» dice el padre y vuelve a poner la música a todo volumen

—Mamá no quiere ir, ¿puedo ir solo?

Pero el padre no escuchó lo que decía simplemente le respondió «si si».

Entonces el pequeño Manuel agarro dinero de sus ahorros y salió de casa y nadie lo notó sino a la hora del almuerzo cuando la mamá lo llama para comer. Al ver que el niño no salía ni contestaba va así cuarto y no estaba, y luego de eso busca por toda la casa. Ahí se dan cuenta que Manuel había desaparecido.

—De seguro está en casa del vecino—dijo Alberto

Fueron a la casa del vecino y del otro vecino y preguntaron por todo el vecindario y Manuel no aparecía.

—¿Y si fue al centro comercial solo? Mientras estaba lavando el carro me pidió que lo llevara y yo le dije que estaba ocupado

—A mí también me dijo lo mismo—dijeron la madre y el hermano

—¡Vamos a buscarlo! —dijo el padre

Fueron al centro comercial y lo buscaron desesperadamente pero era domingo por la tarde. Los domingos va mucha más gente que cualquier otro día de la semana. Se hizo de noche y sin éxito la madre comienza a llorar y el padre llama la policía. Y le dicen que ellos tenían a su niño perdido.

La familia llega a la estación y ven a Manuel y la madre lo abraza y el padre le dice:

—¿Acaso estás loco? ¿Cómo pudiste salir tu solo? Te pudo haber sucedido algo muy malo»

—Tu me diste permiso cuando lavabas el carro, ¿recuerdas?

—No lo hice

—Sí, claro que sí. Ninguno de ustedes quería llevarme al centro comercial

El oficial le dice que encontré al niño caminando solo por la calle. Y como el niño no sabía dónde está ni la dirección de su casa o algún número de teléfono tuvimos que traerlo hasta aquí.

—Esto no había pasado antes señor oficial, usted creerá que somos malos padres

—No, para nada. Yo también tengo hizo y también los he perdido un par de veces

—Vámonos a casa Manuel

—No, yo quiero ir al centro comercial—dijo él

Así que la familia llevo al niño al centro comercial y pudo jugar en la sala de juegos.

### English: WHERE IS MANUEL?

In a spring Sunday with a pleasant weather. Alberto seems hypnotized in front of the cell phone screen lying at home. His eight-year-old brother Manuel looks out through the door of his room. "Let's go to the mall. I want to go to the games!" he says excitedly. But Alberto looks at him without saying anything, and looks back at his cell phone.

Manuel insists, and then Alberto gets angry and tells him to get out of his room immediately.

As his brother was not paying attention to him or wanting to take him, he went to ask his mother to take him to the mall that he wanted to go to the game room. His mother also looks at the cell phone but she didn't even listen to what little Manuel had told her, she was smiling at the last Facebook video she just saw. Manuel yells at him:

—¡MOM!

—What do you want sweety?

—I want to go to the mall, mommy

—My love, I don't feel like going out today, tell your dad, okay?

—OK

The little boy goes out to the garage where his father was cleaning the car, which he used to do every Sunday morning, with old music from the last century on the car's radio, which Manuel did not like at all.

—Dad, can you take me to the mall?

—Daaaad

So he gets in the car and turns off the music and says:

—I want to go to the mall but nobody wants to take me, please take me

—You can't go now son, I'm cleaning the car, also look at how I'm dressed, in sandals, without a shirt with shorts and also very dirty. Tell your brother

—He doesn't want to take me

—Ask your mom" says the father and turns the music back on at full volume

—Mom doesn't want to go, can I go alone?

But the father did not listen to what he said, he simply answered "yes yes".

Then little Manuel took money from his savings and left the house and nobody noticed it until lunchtime when his mother called him to eat. When he saw that the child did not come out or answer, he went to the fourth and was not there, and after that he searched the whole house. There they realize that Manuel had disappeared.

—Surely he is at the neighbor's house—said Alberto

They went to the house of the neighbor and the net neighbor and asked around the neighborhood and Manuel did not appear.

—What if he went to the mall alone? While he was washing the car he asked me to take it and I told him I was busy

—He also said the same to me—said the mother and brother

—Let's go find him—said the father

They went to the mall and desperately searched for it but it was Sunday afternoon. Many more people go on Sundays than on any other day of the week. It got dark and without success the mother begins to cry and the father calls the police. And they tell her that they had their lost child.

The family arrives at the station and they see Manuel and the mother hugs him and the father says:

Are you crazy? How could you go out alone? Something very bad could have happened to you

—You gave me permission when you were washing the car, remember?

—I didn't

—Yeah right if. None of you wanted to take me to the mall

The officer tells him that I found the boy walking alone down the street. And since the boy didn't know where he is or his home address or any telephone number, we had to bring him here.

—This had not happened before, Mr. Officer, you will think that we are bad parents

—Not at all. I also have made and have also lost them a couple of times

—Let's go home Manuel

—No, I want to go to the mall—he said.

So the family took the boy to the mall and he got to play in the game room.

## Historia 9

**Español: No quiero ir al hospital**

Cansado del tráfico de la ciudad y de los altos costos de poseer un coche, la gasolina, el aceite, el mantenimiento, decidí comprar una bicicleta. Empecé a usarla para ir a lugares que no estaban lejos de mi casa. Todo iba bien.

El día que di mi primer paseo en bicicleta por el centro me sentí cansado. Supongo que no estaba acostumbrado a hacer tanto ejercicio. Después de hacer todos mis recados me sentí tan casado que no pude conducir a casa. Así que dejé la bici en un aparcamiento, tuve que pagar para dejarla allí hasta el día siguiente. Al día siguiente tomé el autobús y fui a buscar mi bicicleta y todavía estaba cansado, bastante cansado. Así que cogí mi bici. Y mientras estaba distraído en la carretera, miré hacia delante. De repente sentí un chichón en mi lado izquierdo, cuando me di cuenta de que ya estaba en el suelo. Había cruzado la calle sin mirar y un coche me había golpeado, por suerte iba muy despacio, así que caí muy fuerte contra el suelo.

El hombre salió del coche y la gente de la calle corría para ver si me había muerto o no. Por suerte estaba bien pero muy mareado, no creo que supiera qué palabras salieron de mi boda. Sólo recuerdo que me dijeron que me llevarían al hospital y mi respuesta fue "¡No, no quiero ir al hospital!

El hombre que me había atropellado se disculpaba constantemente, era un buen hombre, pero la culpa era mía. El hombre puso mi bicicleta en el maletero del coche y me puso en el asiento trasero, me dijo que íbamos de camino al hospital y yo repetí la misma frase una y otra vez. Siempre quise evitar los hospitales, me asustan muchísimo. Me atendieron en la sala de emergencias y me comporté como un niño pequeño, incluso lloré. Tuve que pasar una noche en observación porque había sufrido un golpe en la cabeza.

Cuando salí del hospital al día siguiente, lo primero que hice fue vender la bicicleta, no estoy listo para usarla. Era mucho más cara que la gasolina de un año. No me gustan los hospitales.

### English: I Don't Wanna Go to The Hospital

Tired of city traffic and the high costs of owning a car, gasoline, oil, maintenance I decided to buy a bike. I started using it to go places that were not far from my house. Everything was going well.

The day I took my first bike ride downtown I felt tired. I guess I wasn't used to so much exercise. After I did all my errands I felt so married that I was not able to drive home. So I left the bike in a parking lot, I had to pay to leave it there until the next day. The next day I took the bus and went to get my bike and I was still tired, pretty tired. So I got my bike. And while I was distracted on the road, I just looked ahead. Suddenly I felt a bump on my left side, when I realized I was already on the ground. I had crossed the street without looking and a car had hit me, luckily I was going very slowly, so I fell very hard against the ground.

The man got out of his car and the people on the street were running to see if I had died or not. Luckily I was fine but very dizzy, I don't think I knew what words came out of my wedding. I just remember being told that I would be taken to the hospital and my answer was "No, I don't want to go to the hospital!

The man who had run me over was constantly apologizing, he was a good man, but the fault was mine. The man put my bike in the trunk of the car and put me in the back seat, he told me we were on our way to the hospital and I repeated the same sentence over and over again. I always wanted to avoid hospitals, they scare the hell out of me. I was treated in the emergency room and I behaved like a small child, I even cried. I had to spend one night in observation because I had suffered a blow to the head.

When I left the hospital the next day, the first thing I did was sell the bike, I'm not ready to use it. It was much more expensive than a year's worth of gasoline. I don't like hospitals.

## Historia 10

### Español: Las abejas

Las abejas son los seres vivos más importantes del planeta. La principal contribución de las abejas en la tierra es la polinización, son los agentes polinizadores más relevantes del ecosistema. Alrededor de 20.000 especies de abejas desempeñan un papel fundamental en el ecosistema; la biodiversidad mundial y la producción de alimentos dependen de ellas. La reproducción de muchas especies botánicas depende directamente de estos polinizadores. Las abejas utilizan el polen y el néctar de las flores para alimentarse y producir miel, que a su vez se alimenta y recoge el polen de los estambres de las plantas, transfiriendo las semillas. Esto significa que la supervivencia de la flora depende de la actividad de las abejas. Conociendo el papel que desempeñan las abejas en el proceso de polinización y la importancia que las abejas tienen en la agricultura y la biodiversidad de los cultivos. De hecho, muchos estudios afirman que un tercio de los alimentos que comemos son el resultado de la polinización de las abejas. En América, África, Asia y Europa, las abejas han desaparecido aproximadamente en un 90% por diversas razones, como la deforestación, los cambios en el uso de la tierra, el uso de plaguicidas, la pérdida de recursos florales y otras. La gente a menudo ve a las abejas y se asusta y busca rápidamente algo que las mantenga alejadas o que les haga daño. No hagas eso! Lo que podemos hacer es alejarnos de ellas pero no hacerles daño. Porque toda la vida en el planeta depende de ellas.

Cuida de las abejas, son importantes para ti aunque no lo entiendas.

## English: Bees

Bees are the most important living beings on the planet. The main contribution of bees on earth is pollination, they are the most relevant pollinating agents of the ecosystem. Around 20,000 species of bees play a fundamental role in the ecosystem; global biodiversity and food production depend on them.

The reproduction of many botanical species depends directly on these pollinators. Bees use pollen and nectar from flowers to feed themselves and produce honey, which in turn feeds and collects pollen from plant stamens, transferring seeds. This means that the survival of the flora depends on the activity of the bees. Knowing the role bees play in the pollination process and the importance bees have in agriculture and crop biodiversity. In fact, many studies state that a third of the food we eat is the result of bee pollination.

In America, Africa, Asia and Europe bees have disappeared approximately 90% for various reasons such as deforestation, changes in land use, use of pesticides, loss of floral resources and more.

People often see bees and get scared and quickly look for something to keep them away or to hurt them. Don't do that! What we can do is get away from them but not hurt them. For all life on the planet depends on them.

Take care of the bees, they are important to you even if you don't understand.

## *Historia 11*

### Español: Entrevista de trabajo

Recientemente me gradué de una muy buena universidad como contador. Tuve excelentes notas y estoy seguro de que puedo hacer un gran trabajo y tal vez ser el mejor. El día que tuve mi primera entrevista de trabajo estaba muy ansioso y nervioso. Estaba pensando en qué preguntas me harían o si respondería correctamente. Cuando estaba en el pasillo, mis manos sudaban y movía tanto las piernas que parecían gelatina. Cuando la secretaria dijo mi nombre, tragué mucho y me levanté y caminé a la oficina. Cuando entré en la habitación había un hombre con el ceño fruncido mirándome y me senté y cuando me presenté dije: "Hola, me llamo Andrés" el hombre al instante estalló en risa genuina y extendió su mano y se presentó. Eso me ayudó a calmar mis nervios y luego respondí a todas las preguntas. A la mañana siguiente la secretaria me llamó y me dijo que había impresionado al jefe y que había ganado el trabajo. Fue uno de los mejores momentos de mi vida.

### English: Job Interview

I recently graduated from a very good university as an accountant. I had excellent grades and I am sure I can do a great job and maybe be the best. The day I had my first job interview I was really anxious and nervous. I was just thinking about what questions I might be asked or if I would answer correctly. When I was in the hallway my hands were sweating and I was moving my legs so much that they were like jelly. When the secretary said my name I swallowed thickly and got up and walked to the office. When I entered the room there was a man with a scowl staring at me and I sat down and when I introduced myself I said, "Hi, Andrés is my name" the man instantly burst out laughing genuinely and reached out his hand and introduced himself. That helped calm my nerves and then I answered every question. The next morning the secretary called me and told me that I had impressed the boss and that I had won the job. It was one of the best moments of my life.

## *Historia 12*

### Español: Un amor de jóvenes

Hola, me llamo Marina. Mi historia de amor es un poco peculiar. Todo comenzó hace 7 años. Conocí al amor de mi vida en la escuela. Éramos muy jóvenes pero siempre nos quisimos mucho. Cuando dejé el instituto, él fue a estudiar a una universidad muy buena a 2000 kilómetros y yo me quedé en nuestra ciudad estudiantil. Por eso sólo nos veíamos unas pocas veces al año, en Navidad, un mes en verano y con suerte unas semanas de descanso. Después de un tiempo todo se hizo aún más difícil porque tuve que ir más lejos para mi pasantía y ya no eran 2000 km, ahora eran 5000 km. Pasó un año sin vernos y no pasó un día sin que nos comunicáramos entre nosotros. Un día le robaron el móvil y pasó casi un mes sin teléfono pero siempre estaba buscando la manera de estar conmigo. Ambos nos graduamos de la universidad y han pasado 5 años. Nunca dudamos de nuestro amor y hoy tenemos planes, sueños y metas que cumplir. Y seguimos tan enamorados como el primer día. ¿Nuestro secreto? Ambos miramos en la misma dirección, confiamos y siempre tenemos espacio y voluntad para escucharnos.

### English: Young Love

Hello, my name is Marina. My love story is a bit peculiar. It all started 7 years ago. I met the love of my life at school. We were very young but we always loved each other very much. When I left high school he went to study at a very good university 2000 kilometers away and I stayed in our student town. For that reason we only saw each other a few times a year, at Christmas, one month in summer and hopefully a few weeks off. After a while everything became even more difficult because I had to go even further for my internship and it was no longer 2000 km now it was 5000 km. A year went by without seeing each other and not a day went by without us communicating with each other. One day his cell phone was stolen and he spent almost a month without a phone but he was always looking for a way to be with me. We both graduated from college and it's been 5 years. We never doubted our love and today we have plans, dreams and goals to accomplish. And we are still as much in love as the first day. Our secret? We both look in the same direction, we trust and we always have space and willingness to listen to each other.

*Historia 13*

## Español: Primeras vacaciones

Había una vez una chica llamada Isabel que nunca antes había estado de vacaciones. Toda su vida se dedicó a estudiar, entrenar y luego a trabajar. Después de un cierto tiempo en su trabajo, su jefe le dio unas vacaciones y un bono por ser la mejor empleada. Su jefe descubrió que Isabel quería ahorrar el dinero pero no era una buena razón para hacerlo, así que su jefe le pagó unas merecidas vacaciones en el extranjero. Era invierno en su país, así que quería pagar unas vacaciones en el Caribe. Isabel estaba muy nerviosa porque no sabía qué esperar y tenía mucho miedo a los aviones. Cuando llegó al aeropuerto estaba aún más nerviosa, no entendía muy bien qué hacer. Ya había investigado los pasos: llegada, facturación, control de seguridad, control de pasaportes, zona de embargo, inmigración y equipaje y finalmente la aduana. Era hora de subir al avión, se subió, encontró su asiento y se sentó tranquilamente a esperar que el avión despegara. Cuando el avión empezó a moverse todo iba bien hasta que empezó a embarcar, la pobre Isabel creyó que el avión estaba a punto de estrellarse. Después de que el avión se estabilizó, se calmó, vio una película que la azafata le llevó comida y disfrutó y se relajó durante el viaje. Cuando finalmente llegó a su destino, notó que su hotel era el más bello que se había imaginado, piscinas, un gran lobby, muchas áreas de entretenimiento, masajes, e incluso estaba en la playa por lo que tenía una hermosa vista.

Cuando Isabel regresó de sus vacaciones agradeció a su jefe porque nunca hubiera tenido los días más felices de su vida sin su ayuda.

## English: First Vacations

Once upon a time, there was a girl named Isabel who had never been on vacation before. Her whole life was dedicated to studying, training and then working. After a certain amount of time in her job, her boss gave her a vacation and a bonus for being the best employee. Her boss found out that Isabel wanted to save the money but not a good reason to save it, so her boss paid her a well-deserved vacation abroad. It was winter in her country so she wanted to pay for a vacation in the Caribbean. Isabel was very nervous as she did not know what to expect and was very afraid of airplanes.

When she arrived at the airport she was even more nervous, she did not understand very well what to do. She had already investigated the steps, they were: arrival, check-in, security control, passport control, embargo area, immigration and luggage and finally customs. It was time to get on the plane, she got in, found her seat and sat down quietly to wait for the plane to take off. When the plane began to move everything was going well until it started to board, poor Isabel believed that the plane was about to crash. After the plane was stable she calmed down, watched a movie the stewardess brought her food and enjoyed and relaxed during the trip. When she finally arrived at her destination, she noticed that her hotel was the most beautiful hotel she imagined it had, swimming pools, a great lobby, many entertainment areas, massages, and it was even on the beach so she had a beautiful view.

When Isabel returned from her vacation she thanked her boss because she would never have had the happiest days of her life without his help.

*Historia 14*

**Español: Mi casa es...**

Nunca pensé en lo mucho que me gusta mi casa...

M e gusta estar en mi casa, me gusta la comodidad de mi hogar. Me encanta viajar y conocer diferentes lugares pero nada se compara con estar en casa y descansar hay un dicho que siempre digo "No hay lugar como el hogar"

En casa puedo estar conmigo mismo, puedo reflexionar y hacer muchas cosas. Bueno, te diré cómo es mi casa.

Mi casa tiene un hermoso jardín delantero y un excelente patio trasero, los pájaros siempre llegan a las largas ramas de los árboles y a veces veo abejas haciendo su trabajo en las flores. También tengo un pequeño perro con el que puedo jugar libremente. En el patio trasero también hay un hermoso árbol de mango, es una excelente y deliciosa fruta tropical. Dentro de la casa hay 4 dormitorios, 2 baños y una larga y cómoda sala de estar con unos acogedores muebles y un gran televisor donde puedo ver películas y series. Me gusta estar en la cocina porque me encanta cocinar comidas deliciosas. Y en el garaje tengo mi coche, mi bicicleta y en una parte hay un taller donde puedo construir y arreglar cosas.

Siempre he sentido paz al estar en mi casa, tal vez no tenga la casa más grande, más hermosa o más lujosa del mundo, pero es mi hogar y estoy feliz de tener una casa tan acogedora con un ambiente tan feliz.

**English: My House Is...**

I never thought about how much I like my house...

I like to be in my home, I like the comfort of my home. I love to travel and know different places but nothing compares to being at home and resting there is a saying that I always say "There is no place like home"

At home I can be with myself, I can reflect and do many things. Well, I'll tell you what my home is like.

My house has a lovely front garden and an excellent backyard, birds always reach the long branches of the trees and sometimes I see bees doing their work on the flowers. I also have a little dog with which I can play freely. In the backyard there is also a beautiful mango tree, it is an excellent and delicious tropical fruit. Inside the house there are 4 bedrooms, 2 bathrooms and a long comfortable living room with some cozy furniture and a big TV where I can watch movies and series. I like to be in the kitchen because I love to cook delicious meals. And in the garage I have my car, my bike and in one part there is a workshop where I can build and fix things.

I've always felt peace being in my home, maybe I don't have the biggest, most beautiful or luxurious house in the world but it's my home and I'm happy to have such a cozy home with such a happy atmosphere.

## Historia 15

### Español: Un deseo de cumpleaños

Un niño deseaba tener un cachorro. Cada Navidad le pedía a Santa un cachorro para amar, cada cumpleaños pedía una mascota que fuera un perro, y cada vez que veía una estrella fugaz pedía un cachorro. En su décimo cumpleaños, había perdido la esperanza de tener un perro porque llevaba años pidiéndolo sin éxito. Llegó el día de su cumpleaños y el momento de soplar las velas de su pastel que sus padres grabaron cada momento diciéndole que pidiera un deseo. El niño suspira y dice: "Deseo que todos los perritos tengan un buen hogar, con comida y calidad". Todos los invitados se conmovieron con este hermoso deseo. Después de soplar las velas, todos comienzan a aplaudir y en medio de tanta alegría el niño ve una hermosa criatura de cuatro patas que corre hacia él. Por fin su sueño de tener un amigo canino se había hecho realidad. Ese día fue el más feliz de su vida y el comienzo de muchas aventuras.

### English: A Birthday Wish

A boy wished he had a puppy. Every Christmas he asked Santa for a puppy to love, every birthday he asked for a pet that was a dog, and every time he saw a shooting star he asked for a puppy. On his tenth birthday, he had given up hope of ever getting a dog because he had been asking for years without success. The day of his birthday arrived and the time to blow out the candles on his cake his parents recorded every moment telling him to make a wish. The little boy sighs and says "I wish that all the little dogs have a nice home, with food and quality". All the guests were moved by this beautiful wish. After blowing out the candles, everyone begins to applaud and in the midst of so much joy the child sees a beautiful little four-legged creature running towards him. At last his dream of having a canine friend had come true. That day was the happiest day of his life and the beginning of many adventures.

## Historia 16

**Español: Soy muy torpe**

Mis amigos me llaman "el dios del desastre", siempre he sido una persona muy torpe. Tropiezo con todo, rompo las cosas al tocarlas, tiro mi comida, o tiro la comida de otros, hago tropezar a la gente o la pisoteo. No sé si soy demasiado fuerte o simplemente desafortunado.

Ponerme gafas es una tarea difícil para mí. Algo común que siempre me pasa es que rompo mis gafas antes de ponérmelas, y por eso tengo que pedir ayuda a otras personas, suena loco y así es. No es nada divertido.

Siempre he roto cosas que no son mías, y he tenido que pagar por ellas o, si es necesario, pedir a alguien que las repare. Un día, mientras estaba en el ordenador pensando, se me ocurrió que debía enfrentarme a mi torpeza y en lugar de romper las cosas, arreglarlas. Así que fui a YouTube y empecé a buscar tutoriales sobre cómo arreglar las cosas. Aprendí a arreglar electrodomésticos, a coser, a quitar manchas, a pegar, a fabricar, aprendí todo tipo de cosas. Todavía estoy bastante desordenado, pero al menos puedo reparar las cosas que suelo dañar.

**English: I'm Very Clumsy**

My friends call me "the god of disaster", I have always been a very clumsy person. I stumble over everything, break things by touching them, throw my food, or throw other people's food, trip people up or step on them. I don't really know if I'm too strong or just unlucky.

Putting on glasses is a difficult task for me. Something common that always happens to me is that I break my glasses before I put them on, and for that reason I have to ask other people for help, it sounds crazy and it is. It's no fun at all.

I've always broken things that aren't mine, and I had to pay for them or, if necessary, ask someone to repair them. One day while I was at my computer thinking, it occurred to me that I should face my clumsiness and instead of breaking things, fix them. So I went to YouTube and started looking for tutorials on how to fix things. I learned how to fix appliances, how to sew, how to remove stains, how to glue, how to fabricate, I learned all kinds of things. I'm still pretty messed up but at least I can repair the things I usually damage.

## Historia 17

**Español: Cómo conocí a mi marido**

Un día estaba en el supermercado y la bolsa que llevaba para la compra se cayó, había tanta gente a mi alrededor que nadie se dio cuenta de lo que me había pasado. Un hombre que estaba cerca de mí se dio cuenta de lo que me había pasado y en vez de ayudarme se rió de mí. Aunque se rió a carcajadas, fue la única persona que me ayudó. Mientras estaba de rodillas ayudándome a recoger todo, se reía constantemente. Al principio era molesto porque no entendía por qué le parecía tan divertido, pero su risa era muy contagiosa y no pude evitar reírme también. Después de muchas risas, se disculpó y me dio una bolsa extra que casualmente tenía. La tomo, le doy las gracias y me doy la vuelta para irme.

"Espera", dijo.

"Qué pasa", le respondí, admitiendo que no sé por qué pensé que me pediría mi número, o me preguntaría mi nombre, o se ofrecería a ayudarme a llevar la comida al coche.

"El ketchup se derramó en tus pantalones"

Cerré los ojos y todo lo que pude pensar fue: "Trágame tierra".

El chico se rió aún más fuerte que antes pero se quitó la chaqueta y la ató a mis caderas. Llevó mis maletas y me preguntó cómo me llamo. Ese mismo día le di mi número y ahora estamos felizmente casados.

## English: How I Met My Husband

One day I was in the supermarket and the bag I was carrying my shopping fell over, there were so many people around me so many that no one noticed what had happened to me. A man who was close to me noticed what had happened to me and instead of helping me he laughed at me. Even though he laughed out loud, he was the only person who helped me. While he was on his knees helping me to pick up everything he was constantly laughing. At first it was annoying because I didn't understand why he thought it was so funny, but his laughter was very contagious and I couldn't help but laugh too. After many laughs he apologized and gave me an extra bag that he happened to have. I take it, thank him and turn around to leave.

"Wait," he said.

"What's going on," I replied, admitting that I don't know why I thought he would ask for my number, or ask my name, or offer to help me carry the groceries to the car.

"The ketchup spilled on your pants"

I closed my eyes and all I could think of was, "Earth... Swallow me up."

The boy laughed even louder than before but took off his jacket and tied it to my hips. He carry my bags and wonder what my name was. That same day I gave him my number and now we are happily married.

## *Historia 18*

### Español: Carismático y soñador

Esta es la historia de un joven que al principio no tenía nada, pero que con esfuerzo, trabajo y dedicación tenía mucho más de lo que podía haber imaginado. Cuando era niño sus padres no podían permitirse el mejor material escolar, libros de texto o los mejores zapatos para ir a la escuela. Pero esto no le impidió ser el mejor estudiante.

Aunque muchos se burlaban de él por tener los zapatos gastados, él decidió cuando era un niño pequeño que sería un hombre de éxito. Pasaron algunos años y ya era un joven aún más decidido a luchar por sus metas soñadas de dar lo mejor a sus padres y a la gran familia que esperaba tener.

El joven estudió y trabajó duro como vendedor ambulante, su carisma y su amabilidad atrajo a la gente siempre regresaba, especialmente a un caballero que regularmente le compraba algo. Un día este hombre se quedó para hablar con este carismático joven y preguntarle sobre su vida, estudios y aspiraciones. El hombre se sorprendió al escuchar historias e ideas tan interesantes de este joven. Este hombre era dueño de una cadena local de supermercados y le ofreció a este joven soñador un trabajo, que aceptó sin pensarlo. Con el paso de los años, esa cadena de supermercados de un pequeño pueblo se convirtió en una cadena de supermercados nacional. El joven logró lo que se había propuesto hacer de niño y logró aún más gracias a su esfuerzo y carisma. Tuvo la familia que quería y pudo honrar a sus padres.

## English: Charismatic and Dreamy

This is the story of a young man who at first had nothing, but with effort, work and dedication had much more than he could have ever imagined. When he was a child his parents could not afford the best school supplies, textbooks or the best shoes to go to school. But this didn't stop him from being the best student.

Although many teased him for having worn-out shoes, he decided when he was just a little boy that he would be a successful man. A few years passed and he was already a young man even more determined to fight for his dream goals to give the best to his parents and the large family he hoped to have.

The young man studied and worked hard as a street vendor, his charisma and his kindness attracted people always came back especially a gentleman who regularly used to buy something from him. One day this man stayed to talk with this charismatic young man and ask him about his life, studies and aspirations. The man was amazed to hear such interesting stories and ideas from this young man. This man owned a local supermarket chain and offered this young dreamer a job, which he accepted without thinking. Over the years that local small town supermarket chain became a national supermarket chain. The young man accomplished what he had set out to do as a child and achieved even more thanks to his effort and charisma. He had the family he wanted and was able to honor his parents.

# Historia 19

**Español: La comida**

Mis padres son chefs. Ambos se conocieron en un concurso de cocina. Ninguno de ellos ganó ese día, pero ganaron el mejor premio de todos: yo. Sólo estoy bromeando. La verdad es que mis padres siempre han sido buenos en la cocina. Entre mis mejores recuerdos de infancia siempre estaba una buena comida. Desde niño mis padres me hacían los mejores almuerzos escolares y mis amigos siempre disfrutaban de buena comida y deliciosos postres. Tal vez debería agradecer a mis padres porque gracias a ellos mis amigos siempre quisieron volver a casa, incluso los padres de mis amigos.

La comida une a la gente, hace feliz a la gente como en una fiesta o en una reunión e incluso puede consolar a la gente cuando están tristes y al comer algo realmente delicioso de repente se siente mejor.

Hoy en día tenemos un restaurante familiar muy exitoso, y estoy seguro de que la principal razón por la que la gente no se va no es por una fórmula secreta, bueno tal vez sí. Mi madre siempre decía "Si preparas una comida que tu estómago y tu corazón son capaces de amar, entonces estás haciendo las cosas bien".

**English: The Food**

My parents are chefs. They both met at a cooking contest. Neither of them won that day but they won the best prize of all; me. I'm just kidding. The truth is that my parents have always been good in the kitchen. Among my best childhood memories was always a good meal. Since I was a kid my parents made me the best school lunches and my friends always enjoyed good food and delicious desserts. Maybe I should thank my parents because thanks to them my friends always wanted to go home, even my friends' parents.

Food brings people together, makes people happy like a party or a gathering and can even comfort people when they are sad and when eating something really delicious suddenly feels better.

Today we have a very successful family restaurant, and I'm sure the main reason people don't leave is not because of a secret formula, well maybe it is. My mother always said "If you prepare a meal that your stomach and your heart are capable of loving, then you are doing things right".

*Historia 20*

## Español: Cuida tu cuerpo

Esta es la historia de Alberto. Un niño regordete que siempre se miraba en el espejo cuando llegaba a casa, esperando que la pubertad hiciera su trabajo y se convirtiera en un joven apuesto. A Alberto no le importaba su peso o su salud. Comía demasiada comida basura y demasiados dulces. Nunca pensó que afectaría a su salud. Alberto creció y la pubertad aparentemente no hizo su trabajo.

Alberto creció y continuó comiendo alimentos poco saludables en exceso hasta que un día se sintió terriblemente enfermo y tuvo que ir al hospital. Alberto era todavía joven y le diagnosticaron diabetes de tipo 2 debido a su mala dieta. Su médico le dijo que tenía que perder peso, seguir una dieta saludable mediante pautas estrictas, hacer ejercicio con regularidad y tomar algunos medicamentos para la diabetes para mantener el control del azúcar en la sangre.

Durante los primeros meses Alberto no prestó mucha atención a la gravedad de su condición y no siguió las instrucciones del médico. Así que continuó comiendo alimentos que sólo afectaban a su salud.

Alberto tocó fondo cuando tuvo una lesión en la parte baja de la espalda debido a su peso que lo llevó a la cama y le hizo llorar, recordándole que sin salud no somos nada y que lo único que podía curarlo era perder peso y fortalecer su abdomen, por lo que tan pronto como pudo levantarse en ese momento, Alberto decidió adoptar un estilo de vida saludable. Buscó recetas en Internet, comenzó a hacer ejercicios cardiovasculares todas las mañanas y a ejercitarse regularmente y con ello pudo perder 27 kilos.

Alberto no recuperó su salud pero estaba estable y saludable gracias a la buena nutrición y el cuidado de su cuerpo.

**English: Take Care of Your Body**

This is Alberto's story. A chubby boy who always looked at himself in the mirror when he came home, hoping that puberty would do its job and he would become a handsome young man. Alberto did not care about his weight or health. He ate too much junk food and too many sweets. He never thought it would affect his health. Alberto grew up and puberty apparently still didn't do its job.

Alberto grew up and continued to eat unhealthy foods in excess until one day he felt terribly ill and had to go to the hospital. Alberto was still young and was diagnosed with type 2 diabetes because of his poor diet. His doctor told him that he needed to lose weight, eat a healthy diet through strict guidelines, exercise regularly and take some diabetes medications to maintain blood sugar control.

The first few months Alberto did not pay much attention to the seriousness of his condition and did not follow the doctor's instructions. So he continued to eat foods that only affected his health.

Alberto hit bottom when he had a low back injury from your weight that brought him to bed and brought tears to his eyes, reminding him that without health we are nothing and the only thing that could cure him was losing weight and strengthening his abdomen, so as soon as he could get up at that point, Alberto decided to adopt a healthy lifestyle. He looked up recipes on the internet, started doing cardio every morning and exercising regularly and with that he was able to lose 27 kilograms.

Alberto did not recover his health but he was stable and healthy thanks to the good nutrition and care of his body.

## Historia 21

### Español: Una mujer valiente

Conocí a una mujer muy hermosa, era la mujer más hermosa que he visto nunca y también la más inteligente era una abogada y también tenía otros títulos. Tenía una vida glamurosa, un buen trabajo, un gran apartamento, un coche moderno, un marido que la amaba y una hija aún más hermosa. Esta mujer amaba su trabajo, tenía varios trabajos, de hecho, nunca tenía tiempo para nada más, de hecho su salud no era tan importante. Esta mujer tenía tiempo para sentir dolor y era un poco preocupante que su marido programara las citas con el médico y siempre que llegaba el día de la cita con el médico nunca iba y posponía las citas una y otra vez hasta que lo hacía 15 veces por la decimosexta vez que el médico veía resultados realmente preocupantes. Las pruebas que se realizaron determinaron un cáncer de hígado de etapa III, no había mucha esperanza y aún así decidió hacer el tratamiento de quimio terapia. Era realmente una mujer valiente que nunca se quejó y actuó positivamente. Durante sus últimos días, habló con cada miembro de su familia y les hizo entender que nunca debían posponer nada, especialmente cuando se trata de la familia y la salud. La mujer murió pacíficamente en su cama rodeada de sus parientes y dejó una gran experiencia de la que todos podemos aprender.

### English: A Brave Woman

I met a very beautiful woman, she was the most beautiful woman I have ever seen and also the most intelligent one was a lawyer and she also had other titles. She had a glamorous life, a good job, a great apartment, a modern car, a husband who loved her and an even more beautiful daughter. This woman loved her job, she had several jobs, in fact, she never had time for anything else, in fact her health was not that important. This woman had time to feel pain and it was a little worrying that her husband would schedule the doctor's appointments and whenever the day of the doctor's appointment arrived she would never go and postpone the appointments again and again until she did it 15 times for the sixteenth time that the doctor saw really worrying results. The tests that were performed determined a stage III liver cancer, there was not much hope and he still decided to do the chemo therapy treatment. She was truly a brave woman who never complained and acted positively. During her final days, she talked to each member of her family and made them understand that they should never put anything off, especially when it comes to family and health. The woman died peacefully in her bed surrounded by her relatives and left a great experience from which we can all learn.

## Historia 22

### Español: Mi abuela tenía razón

C uando era pequeño mi abuela siempre me dijo que fuera una persona organizada, siempre dijo "si quieres tener éxito en la vida debes ser organizado". Yo era muy desastroso. Solía dejar mis zapatos en diferentes lugares. Cuando llegaba a casa me quitaba la ropa y la dejaba en el suelo, no pedía mis juguetes. Un día tuve que escribir un ensayo importante para la escuela, lo terminé un par de días antes pero, típico de una persona desordenada, no sabía dónde dejé mi ensayo, que era súper importante. El día que tuve que entregar mi ensayo justo antes de ir a la escuela, cuando estaba en la puerta, recordé que tenía que entregar mi ensayo que había hecho muy bien y pasé muchas horas en él. Rápidamente volví a mi habitación y busqué en todos mis cuadernos, en mis libros, en el estante, debajo de mi cama, en la habitación de mis padres, en la sala de estar e incluso miré en el baño y la cocina. No pude encontrar mi ensayo. Decidí escribirlo de nuevo mientras iba a la escuela, pero era demasiado largo y no pude hacerlo. En el autobús sólo recordaba las palabras de mi abuela diciéndome que debía ser organizada. En ese momento me arrepentí profundamente de no haberme organizado y de no haberla escuchado antes. Cuando me acercaba a mi clase, el profesor pedía los papeles que estaban en la puerta. Pensé: "¡Dios mío, qué horror! Me di la vuelta y no entré en la clase. A partir de ese día, empecé a ordenar mi habitación y a ser más organizada. Ahora, gracias a que puedo organizarme y trabajar bajo presión, tengo un excelente trabajo porque soy el gerente de una gran empresa.

## English: My Grandmother Was Right

When I was little my grandmother always told me to be an organized person, she always said "if you want to succeed in life you must be organized". I was very disastrous. I used to leave my shoes in different places. When I came home I would take off my clothes and leave them on the floor, I would not order my toys. One day I had to write an important essay for school, I finished it a couple of days before but, typical of a messy person, I didn't know where I left my essay, which was super important. The day I had to turn in my essay just before going to school, when I was at the door, I remembered that I had to turn in my essay which I had done very well and I spent many hours on it. I quickly went back to my room and looked in all my notebooks, in my books, on the shelf, under my bed, in my parents' room, in the living room and even looked in the bathroom and kitchen. I could not find my essay. I decided to write it again while I was on my way to school but it was too long and I couldn't make it. While on the bus I only remembered my grandmother's words telling me that I should be organized. At that moment I deeply regretted not being organized and not listening to her sooner. As I approached my classroom the teacher would ask for papers standing at the door. I just thought, "My God, how awful! I turned around and didn't go into class. From that day on, I started tidying up my room and becoming more organized. Now, thanks to the fact that I can organize myself and work under pressure, I have an excellent job because I am the manager of a large company.

## Historia 23

### Español: La casa de mis abuelos

Me encanta ir a la casa de mis abuelos; tienen una casa muy grande. La casa tiene un patio tan grande que te puedes perder en él. Mis abuelos viven en el campo, así que su patio trasero limita con el bosque. Es muy espacioso y hermoso, tiene árboles muy altos, siempre hay aire fresco y el olor es muy agradable, y lo mejor es que muy cerca hay un arroyo y se puede escuchar el sonido del agua; es muy relajante. Aunque mis abuelos viven en medio del bosque la casa es moderna, porque mi abuelo era arquitecto y mi padre siguió los pasos de su padre y yo quiero hacer lo mismo porque estoy estudiando arquitectura en la universidad. Lo mejor de visitar la casa de mis abuelos es que la casa es como un balneario, puedes ducharte en la bañera y escuchar los sonidos de los pájaros. La casa tiene puertas correderas completamente acristaladas que traen la luz natural a la casa, es tan acogedora que puedes sentarte en el sofá durante largos periodos de tiempo mirando la naturaleza, además el clima es ideal para una taza de chocolate caliente o café. No soy un lector experto pero cuando estoy allí me gusta leer, me siento inspirado. Amo a mis abuelos y me encanta pasar tiempo con ellos, y es aún más agradable el estilo de vida que decidieron tener para pasar su vejez. Me encantaría vivir con ellos para estar siempre rodeados de la naturaleza y todo su esplendor.

## English: My Grandparents' House

I love going to my grandparents' house; they have a very big house. The house has a backyard so big you can get lost in it. My grandparents live in the country so their backyard borders the forest. It is very spacious and beautiful, it has very tall trees, there is always fresh air and the smell is very nice, and the best thing is that very close to it there is a stream and you can hear the sound of the water; it is very relaxing. Although my grandparents live in the middle of the forest the house is modern, because my grandfather was an architect and my father followed in his father's footsteps and I want to do the same because I am studying architecture at the university. The best thing about visiting my grandparents' house is that the house is like a spa, you can take a shower in the tub and listen to the sounds of the birds. The house has completely glazed sliding doors that bring natural light into the house, it is so cozy that you can sit on the couch for long periods of time looking at nature, plus the climate is ideal for a cup of hot chocolate or coffee. I am not a skilled reader but when I am there I like to read, I feel inspired. I love my grandparents and I love spending time with them, and it's even more enjoyable the lifestyle they decided to have to spend their old age. I would love to live with them to be always surrounded by nature and all its splendor.

## Historia 24

**Español: Cada lugar tiene su belleza**

Creo que cada lugar del mundo tiene su encanto, pero creo que todos tienen la idea de que sólo esas fascinantes y magníficas metrópolis que vemos en la televisión o en Internet son los únicos lugares mágicos de la tierra. Mucha gente se arrepiente de no haber nacido en algún lugar o es infeliz donde está. Honestamente, creo que la belleza depende de los ojos con los que te miras a ti mismo y sólo tienes que aprender a ver con otros ojos.

Ciertamente no vivo en una de esas grandes ciudades, de hecho, vivo en una ciudad tan pequeña que puede ser considerada un pueblo. Si me preguntas qué hay en mi ciudad, bueno... no es una ciudad que tenga mucho que ver, pero hay mucho que puedes decir al respecto.

Durante el día es una ciudad muy activa, de hecho siempre verás mucha gente caminando por las calles de la ciudad; creo que por su densidad es demasiado activa. Es un hábito que la gente camine por la ciudad y muy rápido también. Me gusta que la gente esté siempre afuera y se vea feliz. Si vas en coche te darás cuenta de que la gente se sienta delante de sus casas y habla con los vecinos y juega a las cartas o al dominó, mientras bailan, cantan o disfrutan de una comida. Por la noche, si vas por la ciudad, verás a la gente cantando en las plazas, mariachis, música tradicional. Puede que no sea una gran ciudad moderna, pero también tiene mucho que ofrecer.

Lo que más me gusta es ver las montañas y las puestas de sol. El cielo está pintado en colores cálidos entre el naranja y el rosa y un relajante azul formando impresionantes atardeceres y amaneceres. Los lugareños la llaman la tierra del atardecer, la tierra del crepúsculo o la cuna del sol. De la tierra del yo vengo muchos artistas han salido aunque no muy conocidos pero entiendo por qué, porque sus paisajes son pacíficos y te hacen pensar en lo grande que es el mundo y te da ganas de querer explorar el mundo.

Mientras veo el cielo y sus hermosos colores creo que quiero conocer cada rincón del mundo y admirar el mundo desde diferentes puntos de vista. Creo que será hermoso conocer nuestro hogar y no me refiero a un país o una ciudad sino al mundo valorando hasta las cosas más pequeñas que cada lugar tiene para ofrecer.

**English: Each place Has Its Own Beauty**

I believe that every place in the world has its charm, but I think everyone has the idea that only those fascinating and magnificent metropolises that we see on TV or on the Internet are the only magical places on earth. Many people regret that they were not born somewhere or are unhappy where they are. Honestly, I believe that beauty depends on the eyes with which you look at yourself and you just have to learn to see with other eyes.

I certainly do not live in one of those big cities, in fact, I live in a city so small that it can be considered a village. If you ask me what's in my city, well... it's not a city that has much to do with it but there's a lot you can say about it.

During the day it is a very active city, in fact you will always see many people walking the streets of the city; I think that for its density it is too active. It's a habit that people walk around the city and very fast too. I like that people are always outside and they look happy. If you go by car you will notice that people sit in front of their houses and talk to the neighbors and play cards or dominoes, while they dance, sing or enjoy a meal. At night if you go around the city you will see people singing in the squares, mariachis, traditional music. It may not be a great modern city but it also has a lot to offer.

What I enjoy most is seeing the mountains and the sunsets. The sky is painted in warm colors between orange and pink and a relaxing blue forming impressive sunsets and dawns. The locals call it the land of sunset, the land of twilight or the cradle of the sun. From the land of I come many artists have come out although not very well known but I understand why, because its landscapes are peaceful and make you think about how big the world is and gives you a desire to want to explore the world.

While I see the sky and its beautiful colors I think that I want to know every corner of the world and admire the world from different points of view. I think it will be beautiful to get to know our home and I don't mean a country or city but the world valuing even the smallest things that each place has to offer.

# Historia 25

## Español: Una gran familia

Tengo una familia enorme, es realmente enorme. Mi padre es el tercer hijo entre doce hermanos. Mi madre es la segunda hija de siete hermanos y hermanas. Lo mejor de esta historia es que hay todo tipo de personas en mi familia. En ambos lados mi familia es muy diversa.

Mi abuelo paterno es de piel oscura y mi abuela materna es de piel blanca. Sus doce hijos son diferentes, algunos son de piel blanca y bajos o altos, y los de piel marrón son bajos y altos, algunos tienen el pelo liso y otros rizos.

Mi abuelo materno era un hombre blanco bajo con ojos verdes, mitad español y mitad cubano, que emigró a Venezuela en 1958 y se casó con una mujer de piel oscura. Desafortunadamente, los padres de mi abuelo no aceptaron que se casara con una mujer de otro color de piel, así que lo repudiaron. Entre los hijos de mis abuelos maternos tuvieron tres hijos de piel oscura y ojos negros y cuatro hijos de piel blanca y ojos verdes o azules con pelo ondulado.

Mi padre es moreno y mi madre blanca con ojos verdes. Tengo tres hermanas y las tres tenemos diferentes colores de piel. La mayor es de piel marrón, ella es de color marrón claro. La segunda es de piel marrón pero no tan oscura y yo soy el único con piel blanca.

Tengo primas que están casadas con extranjeros, brasileños, chinos... Tengo primos marrones con ojos verdes, primos con ojos azules, primos pelirrojos, otros con pelo amarillo, y otros con pelo negro y liso.

Amo a mi familia, todos somos diferentes y amamos la diversidad de mi familia.

**English: A Big Family**

I have a huge family, it really is huge. My dad is the third son among twelve siblings. My mom is the second daughter of seven brothers and sisters. The best thing about this story is that there are all kinds of people in my family. On both sides my family is very diverse.

My paternal grandfather is dark-skinned and my maternal grandmother is white-skinned. All twelve of her children are different, some are white skinned and low or high in stature and the brown skinned ones are low and high, some have straight hair and others have curls.

My maternal grandfather was a short white man with green eyes, half Spanish and half Cuban, who emigrated to Venezuela in 1958 and married a dark-skinned woman. Unfortunately, my grandfather's parents did not accept that he married a woman of a different skin color so they disowned him. Among the children of my maternal grandparents they had three children with dark skin and black eyes and four children with white skin and green or blue eyes with wavy hair.

My father is brown and my mother is white with green eyes. I have three sisters and all three of us have different skin colors. The oldest one is brown skin, it's a light brown color. The second one is brown skin but not so dark and I'm the only one with white skin.

I have cousins who are married to foreigners, Brazilians, Chinese... I have brown cousins with green eyes, blue-eyed cousins, red hair cousins, others with yellow hair, and others with black and straight hair. I love my family, we are all different and we love the diversity in my family.

*Historia 26*

**Español: Mi hermano Jonathan**

La relación entre hermanos es un vínculo natural y significativo que llega a convertirse en lazos de unión de mayor duración en la vida. He leído en Internet que las relaciones entre hermanos cuando uno es autista no son tan cercanas como cualquier otra relación entre hermanos. Me llamo Juan y tengo un hermano mayor que es autista y se llama Jonathan. Creo que la vida no podría relacionarse con un hermano con un corazón mejor que el tuyo. Él me cuida, me da cosas, me alimenta, se preocupa por mí y me hace reír. Cuando me siento mal, él es el primero en darse cuenta y busca sus juguetes para hacerme sentir bien. Es tan puro, tiene un gran corazón, como un niño pequeño. Muchas personas se sienten incómodas cuando están cerca de él, pero es porque no lo entienden. Sé que a veces puede comportarse de forma diferente; es diferente, ser diferente no es sinónimo de malo. Sé que los autistas no tienen citas, no tienen novias y no se casan, pero aún así espero que tenga al menos una novia, es muy guapo. Aún así, siempre estaré ahí para mi hermano. Cuando mis padres se hayan ido, yo seré la que lo cuide.

No todo es color de rosa, hay días difíciles y complicados pero, ¿no tenemos todos días malos? Las personas con autismo, síndrome de down, asperger u otros, son iguales que nosotros. Seres humanos, aunque poco entendidos o tolerados. Te digo esto porque he visto gente que no cree que estas maravillosas personas puedan ser incluidas en la sociedad

Amo a mi hermano autista, amo todo de él.

## English: My Brother Jonathan

The relationship between siblings is a natural and significant bond that comes to become ties of union of greater duration in life. I have read on the internet that sibling relationships when one is autistic are not as close as any other sibling relationship. My name is John and I have an older brother who is autistic and his name is Jonathan. I believe that life could not relate to a sibling with a better heart than yours. He takes care of me, gives me things, feeds me, worries about me, and makes me laugh. When I feel bad, he is the first one to notice it and looks for his toys to make me feel good. He is so pure, he has a huge heart, like a little boy. Many people feel uncomfortable when they're around him but it's because they don't understand him. I know that sometimes he can behave differently; he is different, being different is not synonymous with bad.

I know that autistic people don't date, they don't have girlfriends and they don't marry, but I still hope he has at least one girlfriend, he's very handsome. Still, I will always be there for my brother. When my parents are gone, I will be the one to take care of him.

Not everything is rosy, there are difficult and complicated days but don't we all have bad days? People with autism, down syndrome, asperger's or others, are the same as we are. Human beings, although little understood or tolerated. I tell you this because I have seen people who do not believe that these wonderful people can be included in society

I love my autistic brother, I love everything about him.

## Historia 27

### Español: Mamá

Ser madre es un desafío para los valientes. Todos los días me levanto muy temprano, cuando todavía está oscuro, y preparo el desayuno de mis hijos, y les preparo su ropa y su material escolar. Después de que desayunan tengo que llevar a mis hijos a la escuela. Por suerte, la escuela está a sólo unas pocas calles de distancia. Cuando se hace tarde los llevo en el coche, cuando tenemos tiempo caminamos y es genial porque puedo ahorrar un poco de gasolina. Mientras ellos están en la escuela yo estoy en mi trabajo de medio tiempo. Cuando dejo mi trabajo en el camino recojo a mis hijos de la escuela y llegamos a casa y preparo el almuerzo. Después del almuerzo puedo tomar una siesta. Mis hijos suelen despertarme con todo el ruido que hacen. Los niños requieren mucha atención. Los adolescentes pasan por muchas etapas y los niños tienen muchas en un día.

La primera vez que escuchas a tu hijo decir "mamá" es una de las cosas más hermosas que las madres disfrutan, luego en algún momento deseas que se detengan porque lo repiten una y otra vez. Te acompañan al baño, y tienes que resolver cada uno de sus problemas y nunca tienes suficiente tiempo o pocos momentos cuando estás solo.

Pero, ¿sabes qué? Me encanta ser madre. Me gusta ver la sonrisa en los rostros de mis hijos, me gusta el hecho de que nunca estoy sola, y que me quieren incondicionalmente.

## English: Mother

Being a mother is a challenge for the brave. Every day I wake up very early, when it is still dark, and I prepare my children's breakfast, and I prepare their clothes and their school supplies. After they have breakfast I have to take my children to school. Luckily, the school is only a few streets away. When it gets late I take them in the car, when we have time we walk and it's great because I can save a little gas. While they are at school I am at my part-time job. When I leave my job on the way I pick up my kids from school and we get home and I prepare lunch. After lunch I can take a nap. My kids usually wake me up with all the noise they make. Children require a lot of attention. Teenagers go through many stages and children have many in one day.

The first time you hear your child say "mama" it is one of the most beautiful things mothers enjoy, then at some point you just wish they would stop because they repeat it over and over again. They accompany you to the bathroom, and you have to solve each one of their problems and you never have enough time or few moments when you are alone.

But you know what? I love being a mom. I like to see the smile on my children's faces, I like the fact that I am never alone, and that they love me unconditionally.

## Historia 28

**Español: Malos vecinos**

Mi familia compró un apartamento en el piso 15 de un hermoso y tranquilo edificio de la ciudad. Todos en mi familia estaban muy emocionados porque habían conseguido un muy buen precio y era un apartamento muy grande y como. Después de hacer toda la mudanza y poner todo en su lugar queríamos tomar una siesta porque estábamos muy cansados. De repente hubo ruidos arriba que sonaban como un campo de fútbol. La familia no podía descansar esa tarde, parecía que el techo—el piso de los vecinos de arriba—se iba a derrumbar. El mismo día por la noche cuando finalmente se iban a dormir tranquilamente, la música sonaba fuerte y parecía que encima de ellos había una pista de baile. Mi familia y yo tenemos el sueño ligero, cualquier ruido u otra molestia nos permite dormir. La falta de sueño nos ha amargado y bebemos más café del que deberíamos. Es insoportable vivir allí porque la persona que vive arriba es el hijo del dueño del edificio, así que nuestras quejas serían completamente inútiles. Ahora estamos buscando un nuevo apartamento, tal vez una casa confortable en algún barrio del centro de la ciudad. ¡Fue una experiencia horrible!

**English: Bad Neighbors**

My family bought an apartment on the 15th floor of a beautiful and quiet building in the city. Everyone in my family was very excited because they had gotten a very good price and it was a really big apartment and like. After doing all the moving and putting everything in its place we wanted to take a nap because we were very tired. Suddenly there were noises upstairs that sounded like a soccer field. The family couldn't rest that afternoon, it looked like the roof—the neighbors' floor—was going to collapse. The same day at night when they would finally go to sleep quietly, music was playing loudly and it seemed that above them was a dance floor. My family and I are light sleepers, any noise or other discomfort lets us sleep. Lack of sleep has made us bitter and we drink more coffee than we should. It is unbearable to live there because the person living upstairs is the son of the building owner so our complaints would be completely useless. Now we are looking for a new apartment maybe a comfortable house in some neighborhood that is in the center of the city. It was a horrible experience!

# Conclusión

Lo que se mostró en este libro es la manera más simple para que aprendas ingles si tu objetivo es alcanzar cierto nivel de dominio de la conversación coloquial, especialmente si es para un encargo laboral, este libro puede ser todo lo que necesitas para empezar a dominar las conversaciones. Debes cuídate de albergar ambiciones muy grandes. Si quieres dominar el idioma en un mes, es probable que te sientas decepcionado.

Te recomendamos que comiences a hablar con personas que hablan inglés. Las 2001 frases que salen en este libro y la gran lista de vocabulario son suficiente para que inicies una conversación. Recuerda que el éxito está en la constancia y en la práctica.

A medida que vas aprendiendo vocabulario y frases asegúrate de consumir contenido en inglés. Otro método muy efectivo es aprender por medio de podcast o audiolibros con historias de diversos temas en diferentes tiempos verbales.

La conclusión es muy obvia: ¡tienes que repetir las palabras y frases! Usa las palabras en tus conversaciones cotidianas, invéntate historias usando las palabras que has aprendido aquí, practica hablando en voz alta contigo mismo. Si, habla contigo mismo. De otra manera, el tiempo que hayas gastado para aprender las palabras, no habrá servido de nada.